DISCOURS

ADRESSÉ PAR

S. G. Monseigneur LECOT

Archevêque de Bordeaux

A Monsieur Lucien MAUREL

et

A Mademoiselle Madeleine BROUSSE

AU MOMENT DE LEUR MARIAGE

DANS L'ÉGLISE NOTRE-DAME

Le 16 Février 1892

BORDEAUX

IMPRIMERIE DUVERDIER ET Cie

11, — RUE GUIRAUDE, — 11

1892

DISCOURS

ADRESSÉ PAR

S. G. Monseigneur LECOT

Archevêque de Bordeaux

A Monsieur Lucien MAUREL

et

A Mademoiselle Madeleine BROUSSE

AU MOMENT DE LEUR MARIAGE

DANS L'ÉGLISE NOTRE-DAME

Le 16 Février 1892

BORDEAUX

IMPRIMERIE DUVERDIER ET Cie

11, — RUE GUIRAUDE, — 11

1892

DISCOURS

DE

Monseigneur LECOT, Archevêque de Bordeaux

A L'OCCASION DU MARIAGE

de M. Lucien MAUREL et de Mlle Madeleine BROUSSE

MES CHERS ENFANTS,

La vie humaine a ses degrés par lesquels toute existence s'élève peu à peu, et tend vers les horizons supérieurs où est sa fin.

La vie de l'enfance n'est pas une vie complète : ni la nature ni la grâce n'y ont pris leur développement. L'enfant est un germe; et, quand il a un peu vécu, c'est l'arbrisseau qui donne ses premières feuilles : il n'a encore ni la fleur ni le fruit.

L'adolescent s'épanouit à la douce chaleur du foyer qui l'enveloppe d'affection, à la lumière des vérités de tout ordre, qui inondent son âme et dirigent ses mouvements. Il répand autour de lui ses parfums de jeunesse, d'amabilité et de grâce qui caractérisent si bien ce que, dans toutes les langues, on appelle le printemps de la vie. C'est la fleur dans sa beauté, dans son charme délicat et pur. Ce n'est pas la vie dans son achèvement; le fruit n'apparaîtra que plus tard, dans la vie complète.

Or cette période nouvelle de l'existence, c'est le mariage qui en marque le début.

Et il faut, pour la mise en scène de cette vie active et complète, le rapprochement de deux foyers, l'effort de deux familles, le concours et l'union de deux âmes jusque-là séparées.

Il s'agit d'une création, de la création d'un foyer nouveau; par conséquent il y aura une souffrance, un labeur au moins. Oui, si heureuses que soient les conditions dans lesquelles s'unissent de si chères destinées, si rassurant que soit l'avenir, il y a toujours, pour les membres d'une famille que la création d'un foyer nouveau va séparer, une phase de tourment, un moment de préoccupation, au moins, qui est comme la préparation obligée d'une grande œuvre.

On n'enfante pas sans douleur, on ne crée pas sans travail, quand on n'est qu'un homme. Par conséquent, je puis le dire sans craindre de blesser ni une vérité ni une âme : un père ne donne pas sa fille aux mystères de l'avenir sans un réel souci; une mère ne détache pas son fils du foyer, où elle l'a gardé dans l'amour, sans tressaillir à la pensée des charges qui vont peser sur lui dans son foyer nouveau : c'est la loi.

Mais s'il arrive que deux âmes qui se rencontrent sur le chemin de la vie éprouvent l'une pour l'autre un de ces attraits dans lesquels on trouve à la fois l'intensité et la durée; si ces âmes, soumises à l'épreuve du temps, s'affermissent de plus en plus dans leur mutuelle affection, et qu'un jour l'une et l'autre, dans une prière qui s'impose au nom d'une loi providentielle, demandent à courir ensemble, dans leur indépendance et leur liberté, les risques de la vie, oh! alors, il faut faire taire les soucis, il faut combattre les préoccupations, il faut avoir l'énergie d'abandonner aux mystères de l'inconnu ce qu'on aime, ce qu'on chérit le plus ici-bas.

J'ai dit *aux mystères de l'inconnu,* et vous avez déjà relevé, n'est-il pas vrai? cette parole, qu'un païen confiant en ses Dieux n'eût pas voulu dire.

Non, non, ce n'est pas à l'inconnu qu'est confiée la barque fragile qui portera désormais ces deux âmes. Ce n'est pas au hasard que la mère livre sa fille, que le père donne son fils.

Car, tandis qu'autour de ces deux foyers on s'agitait dans la préoccupation, dans l'espérance et aussi dans la prière, Dieu, dans sa Providence, menait le train de ces destinées d'enfants. C'est Dieu qui inspirait, c'est Dieu qui rapprochait, c'est Dieu qui fortifiait et qui bénissait; et quand est venu le moment d'exécuter ce que Dieu avait préparé, c'est lui encore qui donnait la résolution et communiquait l'énergie; et quand le père et la mère, dans un de ces moments qui portent avec eux la solennité d'un retentissement éternel, disaient avec confiance, chacun dans l'intimité de leur foyer : *oui, j'y consens, qu'ils s'unissent ;* je l'affirme, ils le disaient sous le regard de Dieu, comptant sur Dieu, la main dans la main de Dieu, comme on met la main dans la main d'un ami, pour lui demander courage en un moment solennel et puiser confiance en son appui.

Et quel ami que ce grand Dieu, dont la sollicitude se penche avec tant de bonté sur les foyers qui l'accueillent !

Il a voulu être au berceau pour prendre l'enfant dans sa vie déchue et l'appeler à la vie régénérée du chrétien. Plus tard, il l'illuminait de sa vérité et le touchait de sa grâce. Un jour, il l'a pris dans la timidité et dans l'innocence de sa vie pour se livrer à lui sous la forme et dans les conditions de l'aliment, réalisant ainsi un degré d'union que les plus sublimes efforts de l'amour humain n'auraient pu rêver.

Et aujourd'hui, il se met résolument au seuil de cette vie nouvelle dans laquelle vont entrer deux âmes qu'il a préparées et qu'il aime. Il sait, Lui, les dangers de l'avenir; Il en mesure les fardeaux; Il veut que ceux qu'Il a élevés dans une vertu facile lui restent fidèles dans l'épreuve de la lutte et du devoir; et voilà pourquoi Il a disposé pour eux la grâce opulente d'un sacrement.

Les dangers! ils sont semés à chaque pas sur ces rudes sentiers où le pied de l'homme marquera son chemin dans la fatigue et dans la douleur.

La nature est rebelle; l'homme est imparfait; le sol est parfois peu sûr et renferme des abîmes. C'est d'ailleurs la condition humaine, qu'il faut souffrir. Il faut souffrir pour travailler; il faut souffrir pour combattre; et combattre et faire son devoir ne sont-ils pas à peu près même chose aujourd'hui?

Le devoir! il se multiplie sous tant de formes! A partir de cette heure, il faudra vivre l'un pour l'autre dans un perpétuel dévouement. Or, les entraînements de la nature passent, et le devoir reste.

Là où les charmes d'une première affection rendaient tout facile, le sentiment de la vertu restera seul, ou presque seul, pour rappeler le devoir avec ses austères tyrannies.

Il faudra se souvenir éternellement de la famille où on a trouvé son berceau; bien plus, il faut appartenir à deux foyers à la fois, et des deux côtés porter le même respect, le même amour.

Il faut aborder le terrain toujours redouté des affaires, ne reculer ni devant le labeur, ni devant les soucis, ni devant les difficultés que des mœurs étranges amoncellent à toute heure aujourd'hui devant la conscience de l'homme honnête.

Il faut se garder dans la droiture et dans l'honneur, et, au milieu de cette mêlée des intérêts opposés où la limite des droits souverains de l'équité est souvent si difficile à fixer, il faut faire du respect de sa vertu le premier devoir et le premier intérêt.

Il faut garder fièrement le sentiment religieux dans un siècle indifférent et rebelle; il faut se faire le servant sans peur et sans reproche de cette foi si méconnue et pourtant si nécessaire, de cette belle loi morale, dont les lambeaux déchirés traînent à tant de foyers.

Il faut avoir le courage de ce patriotisme austère qui fait dire à tout homme de cœur : « J'irai, non où m'appellent les honneurs, mais où me réclame l'honneur; non où m'attirent mes intérêts mais là où me veut le service utile et bien entendu de mon pays. »

Le devoir! il est enfin dans la création de la famille, de la famille voulue comme Dieu la veut et l'exige des époux, dans la famille chrétiennement accueillie et religieusement élevée. Il est dans l'amour des enfants, dans la bénédiction appelée sur leur vie par la vertu paternelle, dans la bénédiction vivante et déjà presque surnaturelle qui s'appelle l'amour et le dévouement d'une mère, dans les belles et pures traditions de famille, conservées comme la plus précieuse des fortunes, comme le plus authentique et le plus vénéré des parchemins.

Or, devant ces dangers inévitables, en présence de

ces devoirs nombreux et difficiles, pouvions-nous trouver l'homme désarmé et Dieu sans pitié?

Non; le jeune homme qui apporte avec son cœur tous les courages et toutes les fiertés de la vie, la jeune fille qui donne toute sa confiance et promet avec tant de sincérité et de candeur tous les dévouements de son âme, ne sont désarmés ni l'un ni l'autre devant les grandes luttes de l'avenir. Dieu qui les voit dans leur bonne volonté et qui reçoit leur confiant appel ne peut les laisser sans secours.

Voilà pourquoi, jeunes et chers époux, tandis que vous allez tout à l'heure, ministres d'un sacrement dont vous êtes les sujets, vous promettre l'un à l'autre, avec la solennité du serment, l'éternelle union de la volonté et du cœur, Dieu sera là, par sa paternelle Providence, pour donner à vos paroles la consécration de sa vérité divine, à vos serments la durée, et à l'accomplissement des devoirs qui en découlent, les garanties de sa grâce.

Dieu marquera Lui-Même à l'avance tous les pas difficiles de votre vie par des faveurs de choix. Il saura fortifier dans vos âmes les dispositions si rassurantes et les sentiments de vertu qu'une éducation privilégiée y a fait naître; et de ce sanctuaire, de cet autel qu'il ne faudra pas oublier, jaillira pour vous, aussi longtemps que vous voudrez y puiser, c'est-à-dire toujours, la source des bienfaits où s'alimentera votre vie.

Ah! sur le solide appui des promesses divines il est permis de ne rien craindre et de tout espérer.

Le hasard inconscient disparaît pour faire place à une Providence; le mystère de l'avenir se résout forcément en un échange de prières et de grâces entre deux frêles existences impuissantes et le grand Dieu qui les couvre de sa vertu, de son éclat et de son amour.

Il y a toujours un inconnu, sans doute, dans la façon dont se dérouleront les phases humaines de la vie; mais il y a en même temps l'éternel connu, le connu divin qui illumine tout, qui réchauffe tout de sa puissance et de sa bonté. Sous ce rayonnement d'en haut disparaissent les ténèbres; c'est la pleine joie d'une atmosphère où la lumière abonde, où l'air est pur et porte tous les éléments de la vie, où la tempête est rare, et ne fait, dans tous les cas, que rendre plus douces, après son passage rapide, les heures délicieuses d'une paix qui demeure.

Qu'il m'est doux, mon cher ami, de jeter cette prophétie sur votre union! Toutes les garanties de bonheur, vous les aviez déjà.

Au foyer nouveau où vous désiriez avoir une place, vous vouliez trouver ce dont vous aviez joui au foyer paternel. Il vous fallait, vos traditions vous faisaient un devoir de l'exiger, une de ces demeures qui sont l'honneur d'une cité, parce qu'elles abritent à la fois, dans un degré éminent, toutes les supériorités du caractère et de la vertu. Vous l'avez trouvée facilement, presque autant à portée de votre regard que de votre cœur.

Vous avez vite reconnu, dans la jeune fille qui se réchauffait à ce foyer béni, les qualités qui assurent le repos et les douces joies de la vie, l'affabilité prévenante, une intelligence cultivée, des vertus aimables, l'amour du travail, une énergie douce qui se prêtait avec la même facilité à l'accomplissement d'un devoir ou à la recherche d'un plaisir, enfin ce fonds inépuisable de sympathie, de bonté gracieuse qui parait s'enrichir à mesure qu'il prodigue.

Vous avez compris que quand la douceur aimable s'accompagne de ces éclairs de la pensée forte et résolue qui révèlent une âme maîtresse d'elle-même, ce n'est plus seulement la douceur qui attire, mais la séduction providentielle qui entraine, et vous vous êtes laissé justement dominer par cet attrait, qui vous promettait à la fois toutes les conditions du bonheur et de la vertu.

Rien que ce choix que vous avez su faire, Monsieur, répond de votre mérite et nous permettrait de féliciter celle qui en a été l'objet.

Oui, Mademoiselle et chère Enfant, vous pouvez remercier Dieu et vous confier. Vous étiez habituée aux faveurs de choix de la Providence. Dans toute votre enfance, les tendresses les plus délicates, les affections les plus vigilantes, toutes les leçons utiles, tous les délassements nécessaires, tous les dévouements d'un père, dont les larmes, glorieuse défaite pour sa noble énergie, coulaient souvent sur les caresses de sa fille bien-aimée, toutes les générosités d'une mère, dont l'exemple soutenait la parole et vous entraînait si facilement sur le chemin des plus douces vertus du foyer, rien n'a manqué ni à votre bonheur ni à ces leçons du devoir qui font la femme forte, bénie et aimée de Dieu.

Et aujourd'hui, Dieu vous donne un dernier témoignage de cet amour de choix dont il dote ses privilégiés : il vous remet en des mains loyales; il vous confie à un noble cœur.

Celui dont vous porterez le nom tout à l'heure, a vécu, lui aussi, à un foyer d'honneur; il a joui, lui aussi, du bénéfice des plus belles et des plus glorieuses traditions de famille.

Épris, dans son enfance, de ces joies de l'étude qui sont la passion des esprits distingués, il leur donna de ses forces et de son temps tout ce qu'il fallait pour les besoins d'un brillant avenir; et, quand le moment fut venu, il demanda à inscrire son nom sur la liste des glorieux travailleurs de sa maison, apportant ainsi à cette belle lignée du travail, avec un nom nouveau, l'intelligence et l'activité de ses vingt ans.

Heureux les enfants qui n'ont qu'à se rappeler les leçons et les exemples d'une mère adorée et les traditions pleines de noblesse et de dignité d'un père, qui leur a ouvert pur et brillant le chemin de la vie! On ne retrouve pas sans fruit de tels héritages, et ce qu'a été le père, à son foyer ou dans l'estime publique, ce qu'a été la mère dans sa ferme vertu, au milieu des joies et des dures épreuves, ce que sont des frères aimés, ce qu'ont été les aïeux, celui à qui vous donnez aujourd'hui votre vie le sera à son tour pour votre bonheur et pour l'honneur de tous les siens.

Toutes les garanties humaines, chers et heureux époux, s'unissent donc aux souveraines garanties de la grâce, pour jeter sur votre avenir les plus solides espérances.

Achevons, à présent, de sceller le pacte solennel passé entre Dieu et vous, et que s'épanchent les plus larges bénédictions de la Providence sur le contrat sacré qui va vous unir.

C'est le moment de la prière. Vos deux familles, cette aïeule vénérée, dont le cœur plein de foi et de vertu est avec vous, ces oncles et ces tantes, qui font trêve à leurs préoccupations ou arrêtent un moment le cours de leurs larmes pour songer à vous, ces amis de la cité et du dehors, qui estiment à leur prix votre bonheur et vos mérites communs, ces prêtres vénérés, dont l'âme sait donner si généreusement ses sympathies et ses suffrages à des familles comme les vôtres, et par-dessus tout, en haut, dans les régions supérieures, les âmes bénies de ceux qui furent vos ancêtres ou vos frères, tous vont s'unir à nous dans cette belle entente et dans ce puissant accord de la prière commune au pied de l'autel.

Nous demanderons au Christ, sans lequel il n'y aurait pour nous ni sacrement, ni religion, ni autel, qu'Il vous applique le sang de son sacrifice et les effusions les plus abondantes de sa grâce.

Qu'Il couvre de son puissant regard et qu'Il bénisse de sa main généreuse vos deux jeunes âmes, près de se mesurer avec les difficultés de la vie!

Qu'Il aide vos travaux! Qu'Il soutienne vos efforts!

Qu'Il élargisse de plus en plus vos cœurs pour toutes les générosités qu'appelle la misère et pour tous les dévouements que réclame la charité!

Qu'Il vous conserve toujours fidèles dans le devoir, toujours courageux dans les luttes nécessaires, toujours fiers de vos traditions de loyauté, de piété et d'honneur, toujours audacieusement fermes dans la confession des principes qui font les familles vertueuses et les sociétés chrétiennes!

Que Dieu vous garde dans la paix! Qu'il vous mène à travers toutes les douces jouissances de la famille! Qu'il rende heureux de votre bonheur tous ceux qui vous aiment! Que les joies de cette belle fête et les magnificences de cette grande assemblée soient comme le prélude des joies triomphantes dont sera remplie votre vie!

Que Notre Seigneur Jésus-Christ vous donne surtout l'achèvement de la vertu et l'absolue fidélité à tous les devoirs!

C'est le vœu du Pontife qui va vous bénir et des prêtres qui vous entourent; c'est aussi le vœu de vos âmes, mes chers Enfants, j'en suis sûr : car, comme moi, comme vos chères et nobles familles, vous savez et voulez mettre avant tout l'honneur dans le devoir et le bonheur dans la vertu.

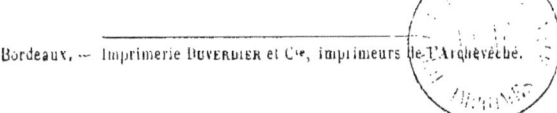

Bordeaux. — Imprimerie DUVERDIER et Cie, imprimeurs de L'Archevêché.

www.ingramcontent.com/pod-product-compliance
Lightning Source LLC
Chambersburg PA
CBHW060916050426
42453CB00010B/1755